Mon carnet amoureux

La Normandie

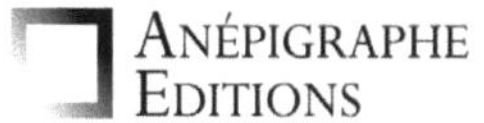

ANÉPIGRAPHE
EDITIONS

« La Normandie, c'est la terre où l'on trouve la mer,
les champs, les prés et les souvenirs
d'un passé chargé d'événements. »

Gustave Flaubert (1821-1880)
Correspondance

« Il y a en Normandie une lumière particulière,
une douceur de l'air qui fait naître en nous
une paix presque divine. »

Pierre Loti (1850-1923)
Pêcheur d'Islande

Anatole France – *Le Livre de mon ami* (1885)

Le Mont Saint-Michel, cette montagne surgie des eaux, est un lieu où la nature et l'histoire se fondent en une même harmonie. Les vagues qui entourent le rocher viennent lécher doucement ses murailles comme pour saluer ce vestige du passé. La basilique, perchée tout en haut, semble défier les cieux. C'est un lieu de méditation et de silence, où le souffle du vent, le bruit des marées, et le chant des oiseaux créent une symphonie naturelle. Rien ne paraît avoir changé depuis des siècles. Le Mont Saint-Michel, c'est l'éternité dans le fracas du temps.

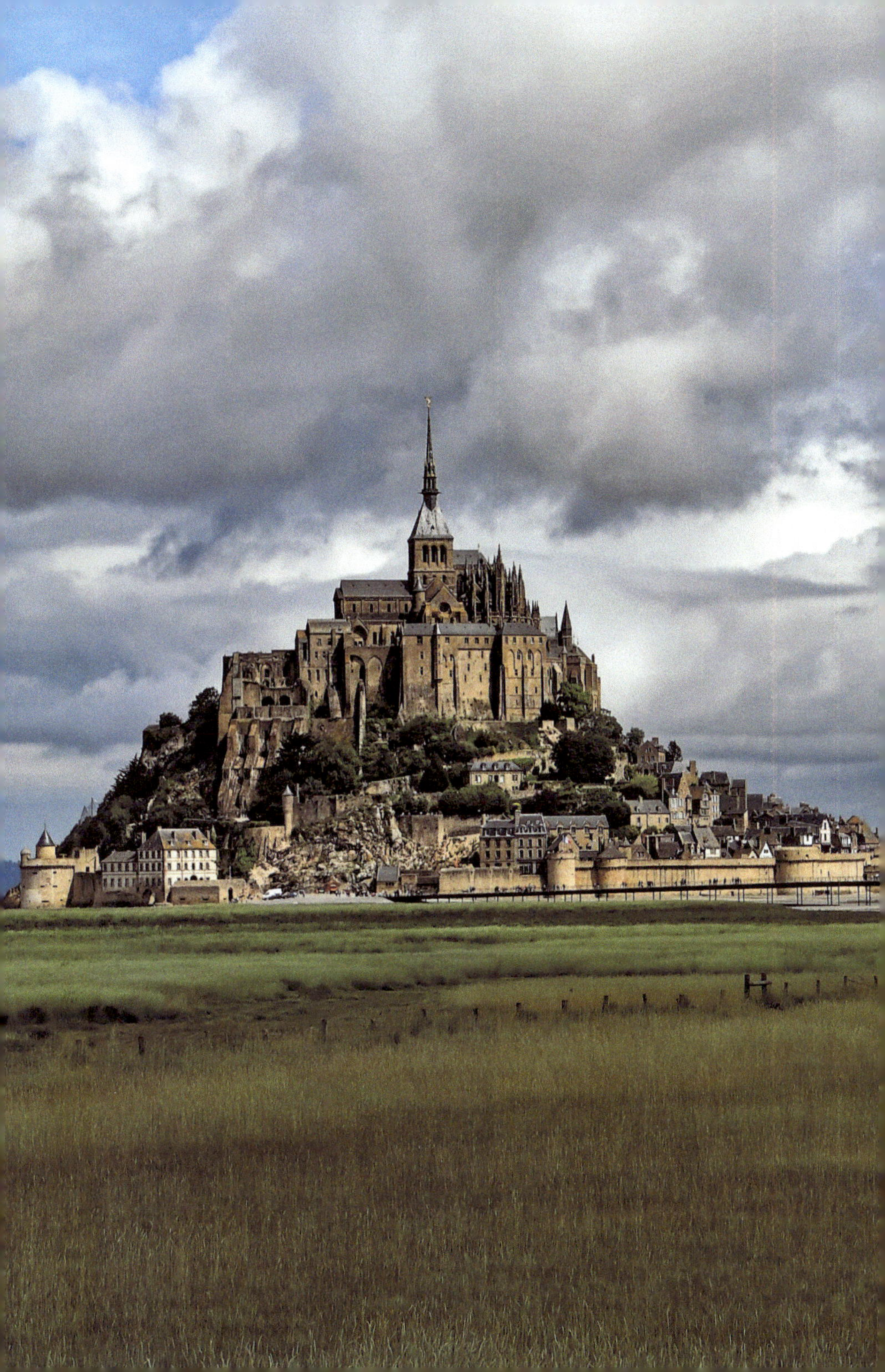

« La Normandie est une région qui réunit dans son sol
la puissance de l'histoire et la douceur du présent. »

Ernest Renan (1823-1892)
Histoire des origines du christianisme

« La Normandie, c'est une terre où la mer semble vouloir
embrasser la terre, où les champs et la mer ne font qu'un
dans un ballet silencieux. »

René Gagnon (1894-1973)
Correspondance

Victor Hugo – *Les Travailleurs de la mer* (1866)

La Normandie est un vaste théâtre naturel, un lieu où les éléments se confrontent dans une lutte infinie. Sur ses côtes, la mer est à la fois une amie et une enne-mie. Elle sculpte les falaises de calcaire blanc, entoure les rochers de ses vagues puissantes, et les bateaux qui affrontent ses flots doivent la respecter comme une force invincible. Mais la Normandie, c'est aussi cette terre fertile, où les champs s'étendent à perte de vue, où les arbres fruitiers offrent leurs fruits en abondance. C'est une région qui respire la vie, où la nature impose sa loi mais sait aussi se montrer généreuse.

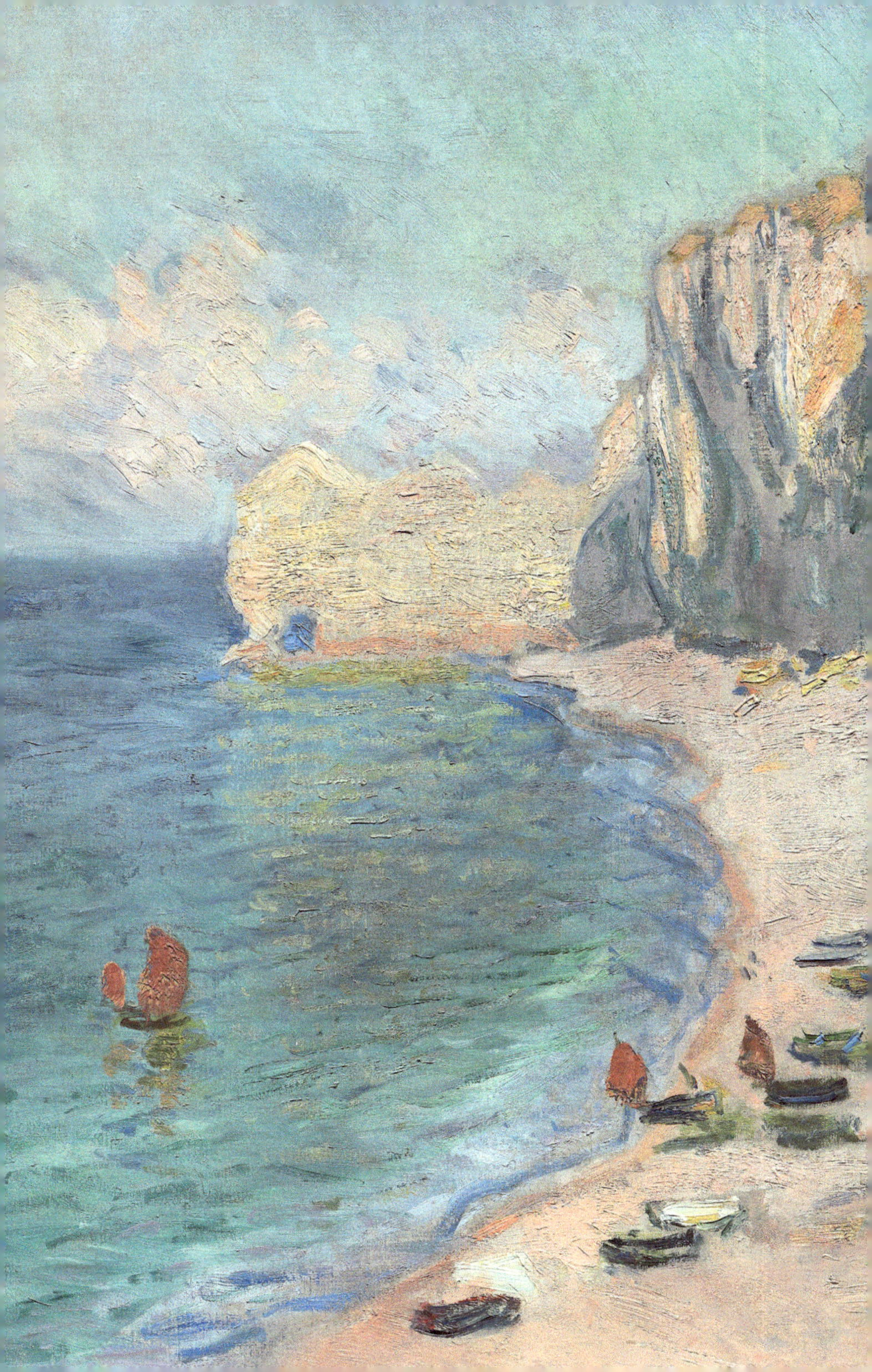

« Les falaises de Normandie, ces géants de pierre
battus par les vagues, sont un hymne à la beauté sauvage
de la nature. »

Alphonse de Lamartine (1790-1869)
Voyage en Orient

« La mer est belle en Normandie, avec ses falaises
blanches, ses cieux gris, et la brume qui flotte
sur les champs comme un voile de soie. »

Guy de Maupassant (1850-1893)
Le Horla

Gustave Flaubert – *Bouvard et Pécuchet* (1881)

Ils arrivèrent à Honfleur par une belle matinée de printemps, le ciel était d'un bleu éclatant et la mer d'une transparence limpide. Le port, bordé de ses vieux quais où se balançaient des barques de pêcheurs, semblait dormir sous l'influence de la lumière douce. L'air était tiède, parfumé du sel de la mer et des herbes écrasées par les pas des gens. De vieux hôtels, aux façades de bois, regardaient le large, leur frontispice craqué par l'humidité et le temps. Dans l'ombre des rues étroites, les maisons, aux toits de tuiles brunes, semblaient s'entasser les unes sur les autres, comme un amas de pierres grisâtres, figées depuis des siècles dans leur forme archaïque.

Les bateaux, ancrés à l'embarcadère, gisaient immobiles, leurs coques usées par l'eau salée, attendant patiemment les mains des marins pour repartir vers la mer. Les voiles étaient repliées, et tout semblait figé dans une calme majesté, comme une scène attendue de tous, mais que personne ne dérangeait. Le bruit du clapotis de l'eau contre les murs du port se mêlait aux cris lointains des mouettes, qui tournaient autour des voiliers, glissant comme des ombres blanches dans un ciel azur.

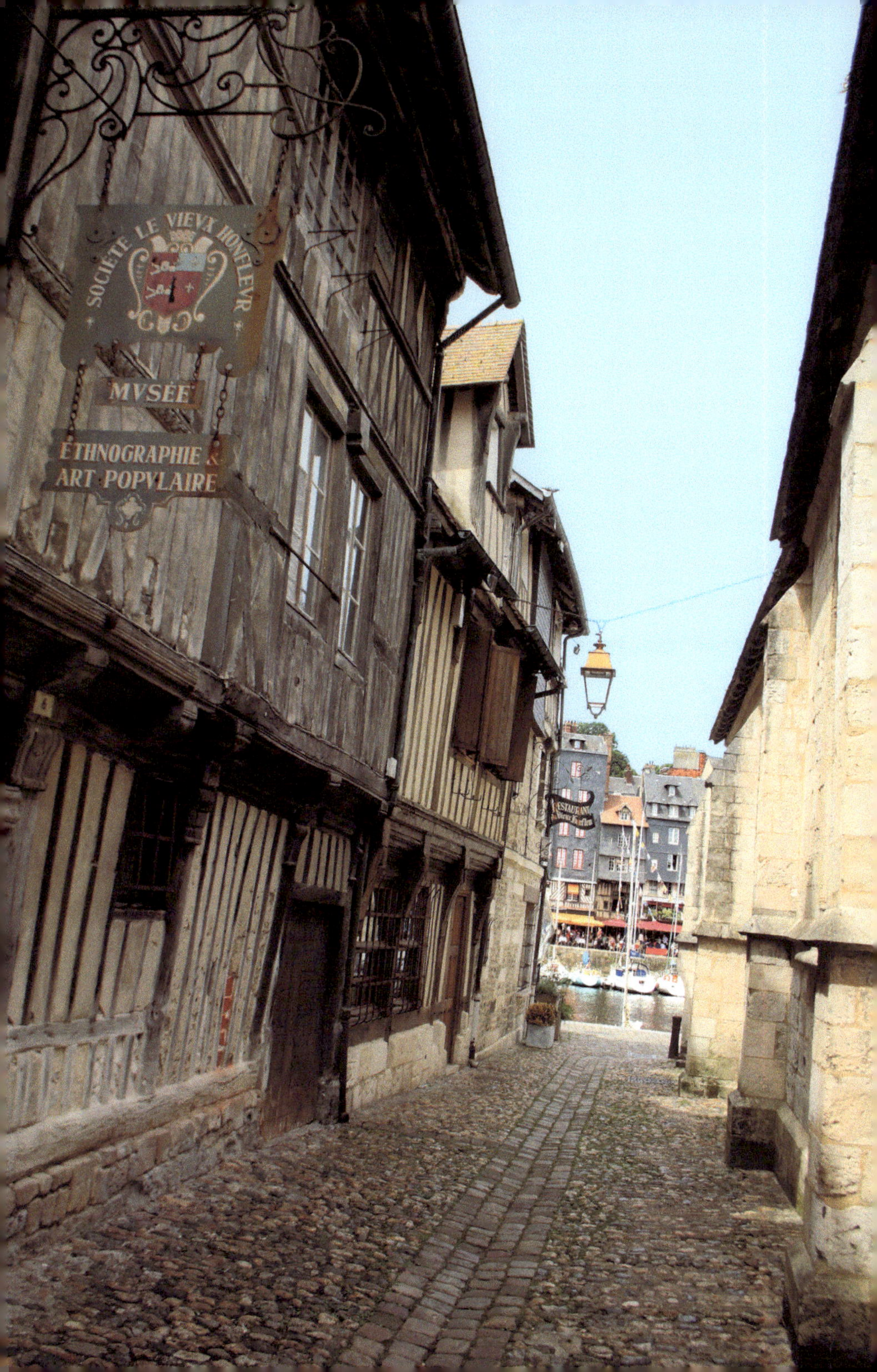

SOCIETE LE VIEVX HONFLEVR
MVSEE
ETHNOGRAPHIE &
ART POPVLAIRE

« La Normandie, tout au long de ses côtes,
déploie un monde d'émotions, une terre
où l'histoire se mêle à la mer et aux brises salées. »

Marcel Proust (1871-1922)
À la recherche du temps perdu

« La mer a ce pouvoir magique de rendre tout
plus grand, tout plus majestueux. La Normandie
le sait mieux que toute autre terre. »

Victor Hugo (1802-1885)
Les Travailleurs de la mer

Henri Barbusse – *La guerre 1914-1918*

Les hommes qui, sur ces plages, se sont battus, se sont sacrifiés, ne savaient pas qu'ils deviendraient des légendes. Ils n'avaient d'autre souci que de défendre la terre où ils étaient nés, la terre que leurs pères avaient foulée, la terre qui était le symbole de leur existence. Et la mer, la mer battue par les vagues, indifférente et calme après le passage des vagues humaines, restera le témoin silencieux de ce sacrifice.

Bien que ce texte ne concerne pas les plages du débarquement en Normandie, il évoque les combats, la douleur et le sacrifice pendant la guerre, et sur les plages.

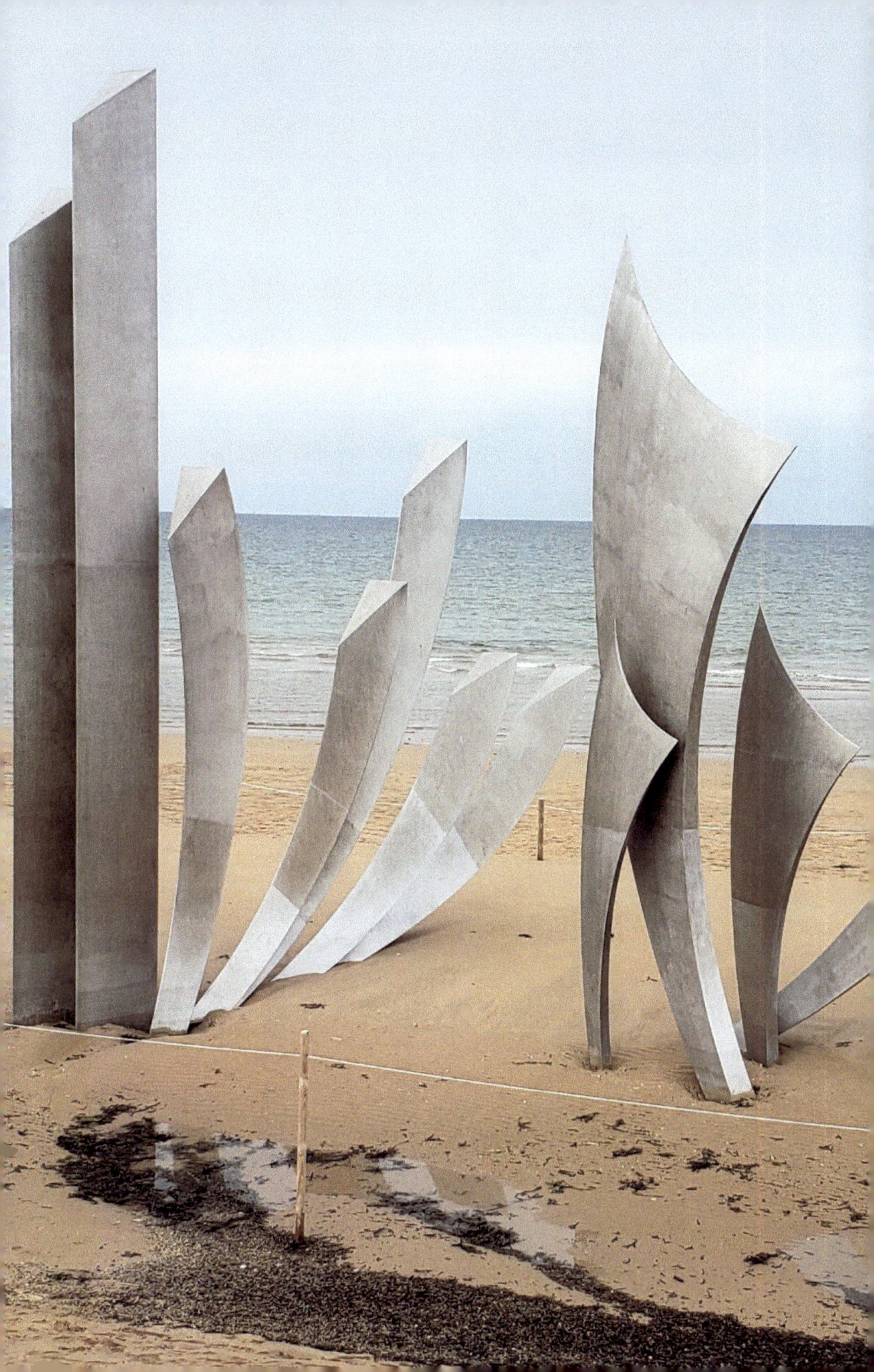

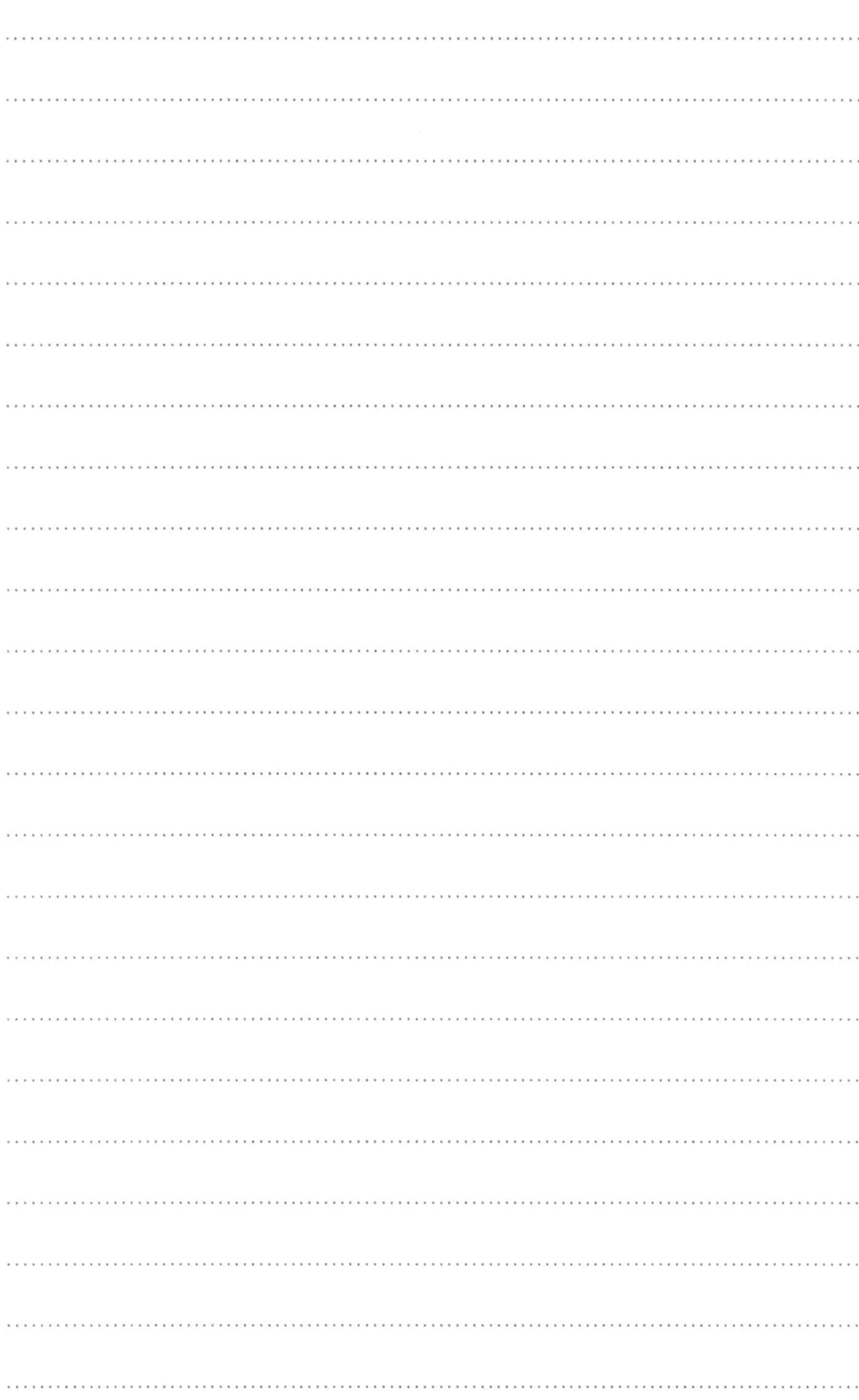

« Les cieux bas, l'odeur de la mer,
les champs parfumés de la Normandie,
tout cela m'enivre et me porte au rêve. »

Jules Claretie (1815-1873)
Les Gueux

« Les vents de la mer, les ciels bas et lourds
de la Normandie, m'inspirent une mélancolie douce
et infinie. »

Paul Verlaine (1844-1896)
Poèmes saturniens

« La mer, toute proche, toute puissante, toute vivante,
battait la côte de ses vagues bruyantes, éclatantes
sous les rayons d'un soleil de décembre. La Normandie
semblait se fondre dans l'horizon où la mer et le ciel
se confondaient. Les brises fraîches apportaient l'odeur
de la mer, cet arôme salé, pur et vivifiant qui donne
à la nature un éclat particulier. »

Guy de Maupassant (1850-1893)
Boule de Suif

Mon carnet amoureux, collection imaginée et dirigée
par Patrick Manteigueiro

Conception et réalisation graphique
par Geneviève Bellissard

© ANÉPIGRAPHE EDITIONS, 2024
anepigraphe-editions.fr — contact@anepigraphe-editions.fr
45 rue de Bretagne, 61000 Alençon

ISBN 978-2-487257-26-9

Dépôt légal : décembre 2024
Imprimé par Libri Plureos GmbH
à Bad Hersfeld, Allemagne

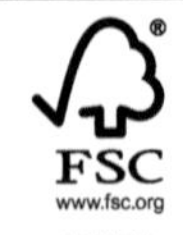